AF563466

30 MARS 1889 9 V

VENTE DU SAMEDI 30 MARS 1889

HÔTEL DROUOT, SALLE N° 8

OBJETS D'ART

ET

CURIOSITÉS

Armes — Bronzes — Cuivres

SCULPTURES EN BOIS ET EN MARBRE

Peintures décoratives — Tapisserie Louis XIV

EXPOSITION PUBLIQUE

LE VENDREDI 29 MARS 1889

DE 1 HEURE A 5 HEURES

Me PAUL CHEVALLIER
COMMISSAIRE-PRISEUR
10, rue de la Grange-Batelière, 10

M. CHARLES MANNHEIM
EXPERT
7, rue Saint-Georges, 7

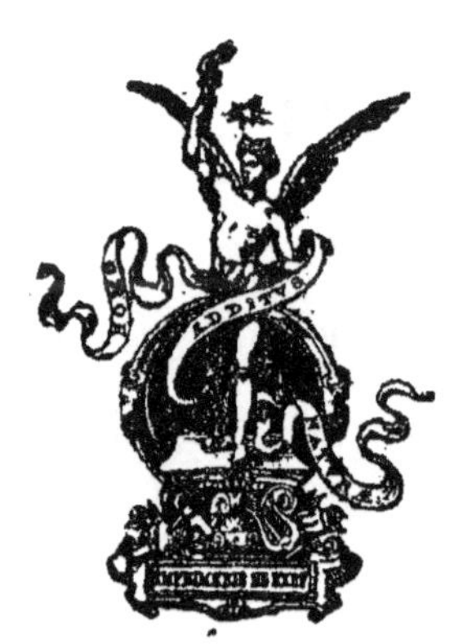

CATALOGUE

DES

OBJETS D'ART

ET CURIOSITÉS

ARMES ANCIENNES

Épées, Poignards, Morions, Haches, Arbalète
Pistolets, Fusils orientaux, Sabres, Poudrières, etc.

BRONZES D'ART, CUIVRES

SCULPTURES EN BOIS

MARBRES

Faïences, Porcelaines, Poteries de Siam, Objets variés

Peintures décoratives, Tapisserie Louis XIV

Étoffes

DONT LA VENTE AURA LIEU

HOTEL DROUOT, SALLE N° 8

Le Samedi 30 Mars 1889

A 2 HEURES

Me PAUL CHEVALLIER	M. CHARLES MANNHEIM
COMMISSAIRE-PRISEUR	EXPERT
10, rue de la Grange-Batelière, 10	7, rue Saint-Georges, 7

EXPOSITION PUBLIQUE

Le Vendredi 29 Mars 1889, de 1 heure à 5 heures.

CONDITIONS DE LA VENTE

Elle sera faite au comptant.

Les acquéreurs payeront, en sus des adjudications, *cinq pour cent* applicables aux frais.

L'Exposition mettant le public à même de se rendre compte de l'état des objets, il ne sera admis aucune réclamation une fois l'adjudication prononcée.

Paris. — Imp. de l'Art, E. Ménard et Cie, 41, rue de la Victoire.

DÉSIGNATION DES OBJETS

ARMES

1 — Épée à très longue lame. Pommeau ovoïde à pans, branches de garde et de contregarde symétriques, double coquille ajourée et quillons droits. XVIe siècle.

2 — Épée espagnole à lame creusée à gorge d'évidement, avec gravures et inscription. Pommeau ovoïde côtelé, quillons droits et branches de garde unies.

3 — Rapière à lame, à gorge d'évidement avec inscription. Pommeau surbaissé, branches et quillons gravés, coquille en berceau à bord lobé et repercé, couverte de rinceaux et d'animaux gravés. XVIIe siècle.

4 — Épée à couvre-main formé de branches enroulées rejoignant la coquille et quillons contrariés terminés par une graine.

5 — Épée du XVIIe siècle, à poignée ciselée, quillons courts se terminant en têtes chimériques, et double coquille repercée à médaillons bustes.

6 — Épée du XVIIe siècle, à lame triangulaire. Pommeau, branche et coquille ciselés et évidés.

7 — Trois épées des XVIIe et XVIIIe siècles, l'une à poignée de cuivre.

8 — Morion de la fin du XVIe siècle, décoré de gravures : trophées d'armes, rinceaux, etc.

9 — Morion entièrement couvert de gravures, figures, arabesques et entrelacs.

10 — Mors de cheval, en fer ouvré, du XVIIe siècle.

11 — Paire d'éperons gravés, de l'époque Louis XIII.

12 — Poudrière en os gravé. XVIIe siècle.

13 — Amorçoir, formé d'une carapace de tortue montée en cuivre doré. XVIIe siècle.

14 — Pistolet albanais, en argent ciselé et doré.

15 — Fusil oriental, à monture de bois décorée d'incrustations, garnie d'argent et enrichie de coraux.

16 — Fusil oriental, décoré d'un revêtement d'ornements en cuivre repercé.

17 — Deux pistolets à rouet et à pommeau sphérique, monture de bois granulé incrusté de plaquettes d'or gravé. XVIe siècle.

18 — Espingole à canon et batterie, complètement décorés de figures et d'ornements ciselés en relief ; crosse couverte d'arabesques en filets d'argent incrustés. XVIIe siècle.

19 — Gantelet de main gauche, à lames articulées.

20 — Petit glaive vénitien, à pommeau et garde formés de lions en ronde bosse.

21 — Main-gauche à couvre-main uni et pommeau à facettes.

22 — Yatagan à poignée d'argent niellé et fourreau en argent couvert d'ornements en relief.

23 — Sabre indien, à poignée en fer, décoré d'ornements en placage d'étain et fourreau en velours.

24 — Sabre oriental, lame de damas ; poignée en corne de cerf, quillons courbes à têtes chimériques, fourreau en cuir.

25 — Arbalète à jalet, du XVIIe siècle.

26 — Fer de hallebarde, décoré de gravures et surmonté d'une longue pointe quadrangulaire. XVIe siècle.

27 — Kriss malais à lame flamboyante, poignée de bois à pans, et fourreau en argent.

28 — Poignard à lame courbe en damas, poignée en stéatite grise, fourreau velours. .

29 — Épée d'enfant, à poignée, décorée d'incrustations d'argent. XVIIIe siècle.

30 — Hache à fer ajouré et à long manche de bois sculpté, au milieu, à décor de mascarons chimériques et de feuillages.

31 — Rondache bombée en cuir peint et doré.

32 — Poudrière lenticulaire en bois, décorée d'incrustations d'ivoire.

33 — Deux amorçoirs : l'un, en corne, cuivre et ivoire; l'autre, en cuir gravé, fretté de cuivre.

34 — Casque de l'époque de la Restauration, à crête surmontée d'une chenille.

35 — Casque et cuirasse de cent-garde. (Napoléon III.)

BRONZES

36 — Vénus accroupie ; statuette en bronze, sur socle rectangulaire à moulures. Fin du XVIIIe siècle. Vente Langeais.

37 — Mortier en bronze, à ornements et inscriptions en relief.

38 — Statuette de guerrier armé d'une rondache et d'une épée ; bronze italien du XVIe siècle, provenant d'un chenet.

39 — Suite de huit bas-reliefs italiens, de bronze à patine brune, représentant des sujets tirés de la Fable.

40 — Cerf couché ; bronze ancien.

41 — Statuette de Vénus debout. XVIe siècle.

42 — Trois vases, variés de forme, en bronze du Japon.

43 — Six petits flambeaux anciens et plusieurs bras de lustre.

44 — Lot de petits bronzes : appliques, statuettes, ornements, baiser de paix.

CUIVRES

45 — Bassin oriental en cuivre, offrant intérieurement des médaillons et des compartiments chargés d'inscriptions et de chiffres.

46 — Coupe hémisphérique de cuivre gravé, à inscriptions orientales.

47 — Vase conique sur trois pieds saillants, en bronze gravé, de la Perse.

48 — Trois petites coupes persanes, gravées et étamées.

49 — Bouteille piriforme, décorée de feuilles gravées et à bouchon vissé, surmonté d'une fleur. XVIIIe siècle.

50 — Grande jardinière italienne, en cuivre repoussé, à godrons, élevée sur pieds à griffes.

51-52 — Deux plateaux porte-tasses, à cavités ajourées, en cuivre décoré de gravures à motifs de feuilles, entrelacs et inscriptions. Travail persan.

53 — Plat rond en cuivre gravé.

54 — Gong oriental à ombilic.

MARBRES

55 — Marbre blanc. — Bas-relief représentant des jeux d'enfants, encadré d'une bande de marbre turquin. XVIIIe siècle.

56 — Granit gris. Petite colonne avec embase de bronze, sur socle carré, en marbre de couleur.

57 — Marbre. Buste d'enfant rieur. Grandeur nature.

58 — Porphyre rouge d'Orient. Mortier garni de deux anses faites de rinceaux contournés.

BOIS SCULPTÉS, IVOIRES

59 — Bois sculpté, peint et doré. Bas-relief représentant la décollation de saint Jean-Baptiste ; groupe de huit figures en costume de la Renaissance. Travail flamand du XVIe siècle. Vente Langeais.

60 — Bois sculpté. Statuette-applique d'un moine appuyé sur une bêche.

61 — Bois sculpté, peint et doré. Haut-relief sans

fond : la Vierge, saint Joseph et un Ange en adoration devant l'Enfant Jésus. Travail allemand de la fin du xve siècle.

62 — Bois sculpté et peint. Statuette de saint Michel terrassant le démon.

63 — Bois sculpté. Deux colonnes décorées de mascarons, de draperies et d'ornements variés. Travail espagnol du xvie siècle. — Collection Davillier.

64 — Bois sculpté, peint et doré. Deux anses porte-cierges. Espagne, xvie siècle.

65 — Bois sculpté, peint et doré. Deux bustes : Homme et Femme. Espagne, xviie siècle.

66 — Bois sculpté. Christ du xviie siècle, appliqué sur une croix de bois noir.

67 — Porte de tabernacle en bois sculpté en bas-relief, peint et doré, représentant le Christ au milieu d'une gloire de chérubins. Italie, xviie siècle.

68 — Panneau de meuble en chêne sculpté en bas-relief et représentant la Charité.

69 — Ivoire. Vidrecome à anse offrant au pourtour un bas-relief : Centaures et Enfants.

70 — Bois sculpté. Poire à poudre offrant sur chaque face un bas-relief circulaire : Enfants chasseurs, et munie latéralement de cariatides chimériques.

71 — Ivoire. Bas-relief rectangulaire : Buste d'amazone casquée et de profil.

72 — Deux pièces : boussole en ivoire gravé et râpe à tabac formée d'une figurine de moine en buis sculpté.

OBJETS D'ART VARIÉS

73 — Croix de bronze doré à moulures entourée d'une crête de fleurons ajourée ; de chaque côté sont sertis quatre appliques demi-cylindriques et quatre cabochons en cristal. Travail espagnol de la fin du xvie siècle.

74 — Reliquaire en cuivre doré en forme d'édicule, à statuettes et mascarons, élevé sur pied à nœud décoré de godrons. xviie siècle.

75 — Haut-relief en cuivre repoussé et doré : la Vierge et l'Enfant Jésus sur fond gravé et quadrillé, avec encadrement de moulures.

76 — Sardoine. Petit buste de César, sculpté en ronde bosse et élevé sur base à moulures, en argent doré.

77-78 — Quatre bagues anciennes en or, trois ornées de cornalines gravées en intaille, la quatrième d'un camée dur, tête d'homme de profil.

79 — Lot de rayons flammés et droits ayant composé une auréole de monstrance ou de reliquaire. Cuivre doré avec lames d'argent rapportées, champlevées et émaillées. XVIIIe siècle.

80 — Porte-cure-dents en forme de porc, en argent ciselé.

81 — Six pièces en jade : théière, figurine et fruits, de travail chinois.

82 — Cinq pièces en ivoire sculpté : groupes, figurines et bouton évidé ; travail japonais.

83 — Deux petites pièces japonaises cuivre doré : tortue portant divers objets et petit modèle d'armure.

84 — Quatre gaines et étuis en galuchat.

85 — Quatre cuillères à manches de nacre, d'ivoire et d'ambre.

86 — Livre d'Heures manuscrit sur parchemin du xve siècle, avec initiales or et couleur, sept grandes miniatures, vingt-deux petites et quelques marges décorées d'arabesques. Reliure en veau brun au nom d'Ambroise Verdier.

87 — Lot de miniatures et pages de manuscrits.

88 — Coffret vénitien en mosaïque de bois et d'ivoire.

89 — Coffret rectangulaire du xvie siècle, en cuir avec pentures et fermoir en fer.

90 — Argent. Figure équestre de Maximilien d'Autriche, petit bas-relief en galvano d'argent dans un cadre à moulure de bois noir orné de trophées d'armes et de fleurs de lis en argent rapportés.

91 — Pendule forme dite religieuse, en bois noir marqueté de cuivre et d'étain ; mouvement carré.

92 — Trois clefs anciennes, à têtes ajourées.

93 — Jeu de loterie composé de petits carrés numérotés en toile, décorés de peintures à figures, fruits, etc., d'olives en bois renfermant les numéros et d'un sac de soie brochée à orifice en ivoire guilloché en façon de vannerie et percé d'ouvertures en fleurs de lis. Époque Louis XV.

94 — Lot de jeux de lotos, jeux de cartes, compteurs, etc. XVIIIe siècle.

95 — Boîte cylindrique en laque du Japon, noir et or, cerclée de cuivre gravé et doré.

96 — Petit palanquin chinois en corne.

FAIENCES, PORCELAINES

97-98 — Deux plats à ombilics en faïence hispano-mauresque, à reflets métalliques.

99 — Deux petites écuelles à oreilles plates, en même faïence.

100 — Statuette de la Vierge portant l'Enfant Jésus, en faïence de Nevers.

101 — Deux plats en faïence de Rhodes, à décor polychrome.

102 — Assiette remplie d'olives en relief, émaillées au naturel.

103 — Cinq plats en faïence polychrome, à décor de kiosques chinois.

104 — Sept assiettes variées à décors polychromes.

105 — Trois pièces : écuelle en faïence, théière à bluets et soucoupe Chine.

106 — Cabaret en porcelaine de Sèvres, gros bleu et or, du temps de la Restauration : quatre grandes pièces et douze tasses avec soucoupes,

107 — Petit monument renfermant deux personnages et disposé pour servir de fontaine, en faïence de Perse, émaillé blanc et surdécoré à froid.

108 — Deux soupières en forme de choux, en faïence du midi, émaillées en couleur ; l'une avec plateau.

109 — Deux vases droits et quadrilobés, en céladon craquelé de la Chine, sur socles en bois sculpté.

110 — Deux vases ovoïdes à col évasé en céladon turquoise truité.

111 — Environ cent cinquante pièces de porcelaines et de poteries de Siam, variées de formes et à décor de fleurs et de divinités émaillées en couleur. Ce lot sera divisé.

TAPISSERIES, ÉTOFFES

112 — Belle tapisserie de l'époque Louis XIV, représentant une femme assise sur un trône et environnée de divers attributs.

113 — Fragment de tapisserie du XVIe siècle, représentant un singe et des vases sous un portique.

114-115 — Deux devants d'autels en velours de Gênes, à dessins grenat sur fond blanc, bordés d'une frange dorée.

116 — Devant d'autel de velours vert, décoré de rinceaux en application.

117 — Quatre bandes en broderie de la fin du XVe siècle.

PEINTURES DÉCORATIVES

118 — Huit grands panneaux décoratifs de l'époque Louis XVI, représentant des vues du port et de la ville de Bordeaux.

BOISERIES

119 — Bois sculpté. Trois dessus de portes, représentant des attributs et des ornements variés.

www.ingramcontent.com/pod-product-compliance
Lightning Source LLC
LaVergne TN
LVHW010313230826
846091LV00007B/3138

* 9 7 8 2 3 2 9 5 1 1 1 4 6 *